L'EMPRUNT DE LA VILLE DE NIMES

ET LA

QUESTION DES EAUX DE NIMES

DEVANT LE CORPS LÉGISLATIF

PARIS

IMPRIMERIE DE AUGUSTE VALLÉE

RUE DU CROISSANT, 16

1869

QUELQUES OBSERVATIONS

SUR L'OPPORTUNITÉ DE

L'EMPRUNT DE LA VILLE DE NIMES

PAR LES

CONCESSIONNAIRES DES EAUX DE CETTE VILLE

La ville de Nimes demande à être autorisée par une loi à emprunter une somme de 3,500,000 fr., sur laquelle 3 millions doivent être appliqués à une distribution d'eau dans la ville.

Concessionnaires du canal du Pouzin à Aigues-Mortes, dont cette distribution d'eaux n'est qu'une partie, nous avons organisé la Société des *Eaux du Midi* pour l'exécuter. Défenseurs des intérêts engagés dans cette opération, nous devons protester contre un emprunt dont l'affectation porterait atteinte à des droits acquis, si le Corps législatif l'adoptait.

Examinons rapidement les quatre questions suivantes qui résument toute l'affaire :

1° La ville de Nimes a-t-elle le droit actuel de faire elle-même sa distribution d'eaux ?

2° Ce droit peut-il exister pour elle dans l'avenir ?

3° La situation actuelle des travaux entrepris par les concessionnaires permet-elle de donner satisfaction à la Ville, et d'y conduire rapidement les eaux ?

4° L'autorisation d'un emprunt, alors qu'aucun droit n'existe pour la Ville, ne portera-t-elle pas préjudice aux intérêts des tiers, engagés de bonne foi ?

Enfin, nous exposerons brièvement, en terminant, quelles sont les circonstances qui ont amené la situation présente.

Prenons donc la question au point de vue pratique et rigoureux du droit et du fait, à l'heure présente. Reprenons une à une les questions posées :

1° La ville de Nîmes a-t-elle le droit actuel de faire elle-même sa distribution d'eau ?

Le 4 juin 1857, la Ville de Nîmes a concédé à MM. M. de Preigne, Rongier et More, le droit d'amener des eaux dans un délai de six ans, à partir du commencement des travaux. Ces travaux devaient commencer trois mois après l'accomplissement des formalités administratives. (Art. 5 et 6 du traité).

L'approbation du projet a été signée le 23 juin 1863, et notifiée le 1ᵉʳ août ; c'est donc de la date de cette notification que le décret fait courir les six années accordées par l'État aux concessionnaires pour tenir leurs engagements envers lui. Ce fait est constaté par une dépêche ministérielle du 24 mai 1866. Ce ne sera donc que le 1ᵉʳ août 1869 que les délais expireraient, vis-à-vis de l'État, si nous n'avions pas à y opposer le cas de force majeure.

Or, aux termes des art. 5 et 6, cités plus haut, les concessionnaires ont trois mois de plus pour s'exécuter vis-à-vis de la ville de

Nîmes. Rigoureusement, ce n'est donc qu'au commencement de novembre 1865 que les eaux doivent être conduites à Nîmes.

Jusque-là, elle n'a présentement aucun droit de s'immiscer dans cette question.

L'exposé des motifs du projet de loi reconnaît lui-même que le délais ne sont pas expirés.

2° . Le droit de faire elle-même sa distribution d'eau peut-il existir pour la ville de Nîmes, dans l'avenir ?

Ce droit n'existe pas plus dans l'avenir que dans le présent.

Supposons qu'en novembre prochain les concessionnaires n'aient pas encore amené les eaux à Nîmes. A ce moment, cette ville ne se trouverait pas par ce fait libérée des engagements résultant de son traité.

En effet (Art. 6), en cas de retard, les concessionnaires ou la Société les représentant sont passibles envers la ville d'une indemnité de 10,000 francs par chaque mois de retard dans la livraison des eaux. Il ne s'agit donc pas ici d'une résiliation, mais d'une simple clause pénale.

Et encore, avant d'encourir cette clause pénale, faudrait-il examiner les cas de force majeure prévus par ce même art. 6 du traité. Et nous demandons si la Ville, réclamant notre déchéance, il y a quatre ans, au moment où nous avions plus de mille ouvriers à ses portes, refusant de nous livrer les terrains communaux (exigibles, art. 10 de son traité), effrayant par son hostilité systématique les capitaux groupés autour de cette affaire, nous demandons si elle n'a pas ainsi créé elle-même le cas de force majeure prévus par l'art. 6.

Nous ne parlons de ce cas de force majeure que pour mémoire ;

la question de droit étant assez nettement posée à notre profit pour ne pas aller chercher au-delà...

Nous le répétons donc : en l'état, pas plus dans le présent que dans l'avenir, la Ville n'a le droit de faire par elle-même sa distribution d'eau.

Allons plus loin : admettons, chose impossible, que la déchéance des concessionnaires soit prononcée. Cette déchéance n'ouvre aucun droit pour la Ville, et ne résilie pas son traité de plein droit.

En effet, aux termes du décret de concession du 8 mai 1862 (art. 17), en cas de déchéance, il serait procédé à une adjudication des travaux et de la concession; et la Ville serait tenue envers les nouveaux adjudicataires aussi bien qu'envers nous.

Examinons toutes les hypothèses, et supposons que la Ville se rende adjudicataire : Ou bien les intéressés de la concession pousseraient les enchères à un prix qui les indemniserait en faisant payer à la Ville une somme énorme, quelques millions peut-être, opération désastreuse; ou bien la Ville acquerrait à bas prix, solution injuste et inqualifiable vis-à-vis de tiers qui ont eu foi en la municipalité de Nîmes.

Ainsi, même dans ce cas extrême, la Ville serait placée en face d'une impossibilité ou d'une injustice.

Faisons observer ici, à propos de la question de droit que nous venons de traiter, que si la Ville sortait un instant de la légalité, ainsi qu'elle le ferait par l'obtention de l'emprunt, nous serions sans doute obligés de saisir les tribunaux. Or, l'enregistrement du traité, quelle qu'en soit la cause, est à la charge de la Ville (art. 12). C'est donc, sans préjuger de l'avenir, 300,000 fr. à la charge de la Ville, en admettant qu'elle soit exonérée du double droit.

3° *La situation actuelle des travaux entrepris par les concessionnaires permet-elle de donner satisfaction à la Ville
de Nîmes, et d'y conduire rapidement les eaux?*

Avant tout, il importe d'amener des eaux dans la ville de
Nîmes; et de les y amener promptement. Si nous n'étions pas en
mesure de satisfaire à cette obligation, nous aurions tort d'insister
aussi vivement sur la question de droit que nous venons d'exposer.
Examinons donc si la situation actuelle du projet et des travaux
permet une rapide adduction d'eau à Nîmes. C'est ce que nous
appellerons la question de fait.

La concession accordée par le décret du 8 mai 1862 comprend
deux choses bien distinctes :

1° La dérivation du Rhône du Pouzin à Aigues-Mortes, en passant par Nîmes (cautionnement fourni à l'Etat, 700,000 francs).

2° L'alimentation de la ville de Nîmes, aux termes du traité du
4 juin 1857 (cautionnement fourni à la ville de Nîmes, 300,000 fr.)

Les concessionnaires ont cédé à une compagnie séparée l'exploitation de ce traité du 4 juin et de la ville de Nîmes, *intrà muros*,
ainsi que les travaux exécutés pour cet objet. Ils sont garants des
droits cédés, tout comme de leurs engagements envers la Ville, et
c'est la raison de notre intervention personnelle dans ce débat, où
nous représentons à la fois les droits de la Compagnie cessionnaire du traité avec la ville de Nîmes, et ceux de la Compagnie organisée pour l'exploitation entière du décret.

Nous venons de dire que le décret de concession comprend deux
choses : la dérivation du Rhône, du Pouzin à Aigues-Mortes; l'alimentation, en passant, de la ville de Nîmes.

Après avoir franchi le pont du Gard, en se dirigeant vers Nîmes, notre projet d'adduction d'eau passe sur le plateau de Pazac qui domine toute la plaine de Nimes.

Le plateau de Pazac est le point de passage, obligé, de tout projet d'adduction d'eau à Nimes, quel qu'il soit. Indépendamment de cette situation topographique, il renferme une rivière souterraine, écoulement des grands réservoirs des Cévennes, qui se dirige vers le Gardon, entre deux terres.

Préoccupés de réparer le temps perdu, par suite de circonstances que nous examinerons plus tard, et de donner des eaux à Nimes en attendant l'arrivée de celles du Rhône, nous avons exécuté l'aqueduc, depuis Pazac jusqu'à Nimes, pour recueillir cette rivière souterraine; et, au mois d'août prochain, ces travaux, activement poussés depuis trois mois par nos cessionnaires, amèneront à Nimes de 10 à 12,000 mètres cubes d'eau par 24 heures.

Cette satisfaction, aussi large que celle que propose la Ville, permettra de ne plus redouter des sécheresses comme celles de l'an dernier.

Depuis Pazac jusqu'au pont du Gard, sur le Gardon, les travaux sont poussés avec la même activité; et, si Pazac ne devait pas fournir un cube d'eau suffisant, on prendrait au Gardon le complément d'eau nécessaire à l'alimentation de Nimes.

A partir du Gardon, les travaux du gran l p? (?)? se continuant, traversent le Tave, la Cèze et l'Ardèche.

Nous emprunterons un cube d'eau, en passant, à chacun de ces cours d'eau; et, lorsque nous arriverons au Rhône, depuis longtemps déjà, la ville de Nimes aura de l'eau pour ses populations et pour son territoire; et si nous avons tardé à lui amener les eaux du Rhône, elle aura eu néanmoins, dans le délai de son traité, d'excellentes eaux potables.

Mais, dira t-on, par suite de circonstances à examiner, les concessionnaires et la *Compagnie des Eaux du Midi* organisée par

eux, ont été momentanément impuissants; *la compagnie cessionnaire des Eaux de Nimes* est-elle en état de tenir les engagements du traité avec la Ville et d'amener rapidement des eaux?

Cette compagnie cessionnaire a tout son capital, ainsi qu'il résulte
de la déclaration notariée, reçue par M⁻ Ducloux, notaire à Paris;
avant même sa constitution définitive, depuis trois mois, elle tra-
vaille activement ; et, si le maire de Nimes lui eût accordé l'autorisation, jusqu'ici vainement réclamée, de travailler dans les rues,
plusieurs mille mètres de tuyaux, qui attendaient en gare, seraient
aujourd'hui en place. S'il y a doute qu'on fasse une enquête impar-
tiale et sérieuse; la question en vaut la peine. C'est la seule ré-
ponse à des assertions contradictoires.

Examinons maintenant ce qu'est le projet Dumont que veut
faire la Ville, et pour l'exécution duquel elle demande l'autorisation d'emprunter.

M. A. Dumont prend les eaux dans le Rhône, à l'embouchure du
Gardon, et, au moyen de machines élévatoires et de tuyaux de re-
foulement d'une longueur de 7 kilomètres, les élève sur le plateau
de Pazac, dont nous avons parlé plus haut. Depuis Pazac jusqu'à
Nimes, les eaux arrivent au moyen d'une conduite forcée sur une
longueur de 16 à 17 kilomètres.

Nous n'avons pas à apprécier ici le projet Dumont; si les ponts e-
chaussées viennent de l'approuver sommairement, pour les besoins
de la cause, nous renvoyons à un rapport de 1863, émanant d'ingé-
nieurs de ce même corps des ponts et chaussées, où il est jugé avec
une sévérité à laquelle nous aurions de la peine à atteindre. Quelle
que soit sa valeur, d'ailleurs, d'après l'exposé même des motifs de la
loi, il faut *deux ans* pour l'exécuter.

Cette exécution n'est même possible qu'avec notre assentiment ;
car ce même rapport de 1863, dont nous venons de parler, déclare
l'incomptabilité du projet Dumont avec le nôtre, constatant notre
droit par suite du décret de n'admettre aucune adduction d'eau ri-
vale dans toute notre zone irrigable. La déchéance ne tran

cherait pas la question. Nous avons démontré que, si elle était possible, elle n'ouvrirait aucun droit pour la Ville.

Nous sommes prêts à exécuter ce projet, quoique nous ne l'ap-
prouvions pas ; et nous pouvons le faire plus rapidement que la
Ville. En effet, nous ferons remarquer que le projet Dumont arrive
sur ce plateau de Pazac, que nous avons signalé comme le passage
obligé de toute adduction d'eau ; or, à l'heure qu'il est, notre aqueduc est achevé depuis Pazac jusqu'aux portes de Nîmes.

- Nous croyons plus rationnel et plus prompt de recueillir d'abord
les eaux du plateau de Pazac, ainsi que nous l'avons exposé ; puis, de
continuer le grand travail vers le Rhône en prenant au passage à
chaque cours d'eau son contingent, jusqu'à ce que le Rhône, arrivant
du Pouzin, vienne compléter l'œuvre. Tous les travaux sont utilisés ;
ils sont tous faits sur la ligne directe du projet.

Dans le projet Dumont, tous les travaux faits entre Pazac et le
point d'élévation des eaux au Rhône sont perdus. Nous ne voyons
pas la nécessité d'aller prendre au Rhône 12,000 ou 24,000 mètres
cubes d'eau, coûtant fort cher à élever, au lieu de prendre cette
même quantité sur le parcours du projet, où les eaux coûteront
moitié moins, et où elles sont tout aussi potables qu'au Rhône.
Néanmoins, nous le répétons, nous avons offert à la Ville d'exécuter
ou de faire exécuter ce projet ; nous l'offrons encore, tout en le re-
gardant comme un acte de mauvaise administration.

Nous avons été plus loin : nous avons offert à la ville de Nîmes
de lui laisser exécuter elle-même son projet Dumont. Nous lui
avons proposé, pour la faciliter, la cession de notre aqueduc, de
Pazac à Nîmes, jusqu'au moment où nous lui amènerions les eaux
du Rhône par la pente naturelle. Si nous n'amenions pas ces eaux
du Rhône, elle restait en possession de l'aqueduc, et son projet
aurait été exécuté plus facilement et plus rapidement. Elle a refusé
toutes ces propositions. Pourquoi ce refus ? Nous le dirons plus
loin.

Bornons-nous ici à constater : 1°, que le projet, tel que nous l'exécutons, est le plus rationnel ; 2° que, néanmoins, nous sommes prêts à exécuter le projet Dumont, plus rapidement et plus économiquement que la Ville ne peut le faire ; 3° que nous avons offert à la Ville de lui faciliter, d'accord avec elle, l'exécution de son projet, à des conditions raisonnables, et constatées par une lettre du 1er septembre 1868, publiée dans les journaux.

Enfin, point capital, dans trois mois nous donnons à la Ville le cube d'eau auquel elle a droit ; un peu plus tard, nous lui donnerons les eaux du Rhône.

4° L'autorisation d'un emprunt, alors qu'aucun droit n'existe pour la Ville, ne portera-t-elle pas préjudice aux intérêts des tiers, engagés de bonne foi ?

On ne peut sortir de cette double question : ou l'Administration municipale ne se servira pas de la loi, en la situation présente ; alors, pourquoi la lui donner ? ou elle s'en servira, et les tiers intéressés verront dans cet usage la négation de tous les droits sur lesquels ils ont, de bonne foi, engagé leurs capitaux.

Il ne faut pas douter que la Ville se fera de l'emprunt l'arme dangereuse que nous venons de signaler. Qu'on lise la délibération du Conseil municipal du 19 février dernier ; et il n'y aura plus d'incertitude. Nous tenons à la disposition du Corps législatif les preuves écrites de l'intervention passionnée et illégale de la municipalité dans notre organisation financière, à la suite de cette délibération.

Nous ne pensons pas que l'admnistration supérieure veuille attaquer la concession : elle n'y a aucun intérêt ; et, dans ce cas au moins, nous pourrions défendre énergiquement les droits et les intérêts attaqués.

Mais accorder à la ville de Nîmes son emprunt, c'est ruiner indirectement et sans défense possible tous les intérêts groupés autour de la concession actuelle. Nous espérons que le Corps législatif ne voudra pas ainsi consacrer sciemment une injustice sans motif et sans utilité c'est pour cela que nous cherchons à éclairer la commission.

Quelles sont les circonstances qui ont amené la situation actuelle?

Nous entrons ici sur un terrain difficile. Le souvenir de débats récents au Corps législatif, à propos d'une question nîmoise, explique suffisamment notre réserve en ce moment. Disons seulement une chose indispensable : l'Administration municipale veut sincèrement, nous ne le croyons, amener à Nîmes des eaux; mais seulement ce qu'il en faut pour les besoins indispensables de la population et de la salubrité publique; elle craint qu'une adduction assez considérable pour modifier les conditions industrielles de la Ville, ne vienne déranger l'équilibre actuel dans un pays facilement impressionnable.

Nous croyons que l'Administration municipale se trompe; que tout accroissement de population, que tout développement industriel doivent au contraire fondre et rapprocher des éléments qui s'isolent aujourd'hui à l'état de coteries. Professant l'opinion opposée, l'Administration municipale est l'ennemie née de tout projet d'adduction d'eau dont la réglementation lui échapperait : elle nous l'a prouvé, et souvent avec passion.

Ceci dit, expliquons rapidement comment, par suite de faits provenant tant du Gouvernement que de la Ville, le grand projet d'adduction d'eau n'est pas encore achevé; et pourquoi, en attendant son entière exécution, nous faisons les travaux que nous avons indiqués plus haut.

En 1863, les concessionnaires avaient organisé la Société anonyme *des Eaux du Midi* dont tout le capital était souscrit au Crédit Industriel. Malheureusement, un des souscripteurs était M. Bra-

vay et les débats de son élection, mettaient en cause au Corps législatif notre Société, en formation.

Ceux qui attaquaient l'élection Bravay affirmaient que son intervention dans l'affaire des eaux n'était qu'une manœuvre électorale ;
que ni le décret, ni l'approbation des travaux n'étaient réguliers;
que c'était à tort que l'on inaugurait les travaux.

Notre situation pourtant était régulière : M⁰ Nogent-Saint-Lau-
rent interpella le commissaire du gouvernement pour qu'il voulût
bien constater ce fait, et ce dernier garda le silence. (Voir le *Mo-
niteur* de l'époque.)

Ce silence sembla à nos actionnaires la consécration d'une situation irrégulière. Des procès s'en suivirent, et, lorsque la lu-
mière put se faire, il n'était plus temps : le Crédit industriel avait
remboursé les actionnaires.

Cependant notre situation était tellement régulière, qu'à ce moment le Gouvernement nous sommait de reprendre les travaux,
interrompus par notre désorganisation, sous peine d'encourir la
déchéance et de perdre le million de cautionnement, versé par nous.
Sur nos justes observations, il comprit alors que son silence était
la cause involontaire d'une désorganisation qui préparait des re-
tards inévitables; et c'est le motif de la constante bienveillance
qu'il a bien voulu nous montrer jusqu'à ce jour, et à laquelle nous
rendons pleine justice.

A la suite de cette catastrophe, nous réorganisâmes, sous le
même titre, une Société à responsabilité limitée ; et, au mois de
juin 1865, nous reprenions les travaux avec la plus grande activité.
C'est à ce moment même où nous avions plus de mille ouvriers
aux portes de Nîmes, que son administration municipale venait
demander une déchéance qui ne la regardait pas, ainsi que l'a constaté une dépêche ministérielle , et qui, dans tous les cas, était
inopportune.

Résultat inévitable d'une pareille agression, répétée sous diverses

formes, de nouveaux procès naquirent de la part de nos actionnaires. Les capitaux sont craintifs; une nouvelle désorganisation
s'en suivit, et nous fûmes obligés d'interrompre nos travaux, pour
la seconde fois, devant ce nouveau cas de force majeure.

Cependant, en attendant une nouvelle réorganisation pour l'exécution totale du projet, il fallait se préoccuper de satisfaire à des
besoins urgents. Nous nous rapprochâmes de M. A. Dumont; et, de
concert avec lui, nous offrîmes à la Ville d'exécuter le projet de cet
ingénieur, qu'elle semblait préférer. La Ville refusa, parce que,
nous l'avons déjà dit, elle ne se trouvait pas suffisamment maîtresse
de restreindre dans les limites qui lui convenaient l'avenir de cette
affaire.

Préoccupés de la sécheresse de l'année dernière, et faisant à
cette situation le sacrifice d'une partie de nos intérêts, le 1er septembre 1868, nous offrîmes à la Ville de lui laisser exécuter elle-
même, et d'accord avec nous, le projet A. Dumont. Nouveau refus
de la Ville, qui, toujours pour les mêmes motifs, voulait nous voir
disparaître entièrement, au mépris de la plus simple équité.

Ne pouvant plus compter sur une entente, pensant qu'en faisant
arriver des hommes nouveaux, nous ferions disparaître des questions personnelles devenues irritantes, nous avons cédé à une compagnie l'exploitation de l'alimentation de la ville de Nîmes, et les
travaux à exécuter pour atteindre ce but, ainsi que nous l'avons
expliqué en commençant.

Ce sont ces travaux, destinés à une satisfaction immédiate des
besoins sérieux, qui s'exécutent aujourd'hui, pendant que le grand
projet se continue néanmoins. Après les événements que nous
venons de raconter, la Commission comprend maintenant pourquoi le grand projet n'est pas encore terminé; pourquoi nous offrons,
en attendant, une solution immédiate et provisoire qui vaut mieux
que le projet de la ville de Nîmes; pourquoi, même en le désap-
prouvant, nous proposons d'exécuter son projet, afin que les populations ne souffrent pas de ces débats.

Ce sont les travaux actuels qui s'exécutent; c'est cette nouvelle organisation, contre lesquels le Conseil municipal s'est élevé dans sa séance du 19 février dernier, avec des considérants qui arrivent jusqu'à la diffamation ; c'est cette situation qu'elle voudrait détruire au moyen de l'emprunt.

Le 27 avril courant, le Jury d'expropriation se réunit enfin , et nous aurons des terrains qui permettront de doubler les travaux. Que la municipalité accorde l'autorisation, refusée jusqu'ici, de poser les tuyaux dans la ville, et elle aura dans quelques mois toutes les satisfactions réclamées par les populations. Disons, en passant, que ces populations sont loin d'être favorables aux projets municipaux, ainsi qu'on veut bien le dire : elles ont déjà protesté par des pétitions ; elles savent parfaitement où sont leurs véritables intérêts ; et, si l'emprunt accordé amenait de nouveaux conflits, leur attitude, nous en sommes certains, confirmerait ce que nous avançons ici.

Si le véritable motif de toutes les agitations soulevées par le Conseil municipal n'a pas été dit ; si cette administration cherche ainsi à résilier un contrat qui ne lui convient plus, qu'elle cesse de le demander à des voies de droit illégales et funestes, et qu'elle le cherche dans une conciliation qui respectera tous les intérêts. Nous sommes prêts pour notre part à tout ce qui peut être équitable : nous l'avons déclaré ; nous le répétons. Mais, dans notre esprit, ce serait peut-être reculer une solution, aujourd'hui prochaine.

Revenons, donc à la question pratique.

L'achèvement du grand projet a été retardé par les véritables cas de force majeure que nous avons signalés ; nous travaillons activement à donner une solution aussi complète, et plus rapide, que celle proposée par la Ville. Qu'on ne nous détourne pas de notre but.

Dans les délais du traité, nous donnerons, les eaux nécessaires à la population : l'exposé des motifs du projet de loi reconnaît lui-même que ces délais ne sont pas expirés ; nous avons les ressources nécessaires pour tenir nos engagements ; aussi demandons-nous à la Commission de renvoyer au Con-

seil d'État un emprunt sans motif et sans opportunité dans ce moment.

Nous espérons qu'après ces explications le Corps législatif ne voudra pas créer un nouveau cas de force majeure dans une affaire déjà trop éprouvée. En ajournant la loi il respectera, les droits et les intérêts de tous sans préjuger de l'avenir.

19 avril 1869.

PARIS. — IMPRIMERIE VALLÉE, 10, RUE DU CROISSANT.